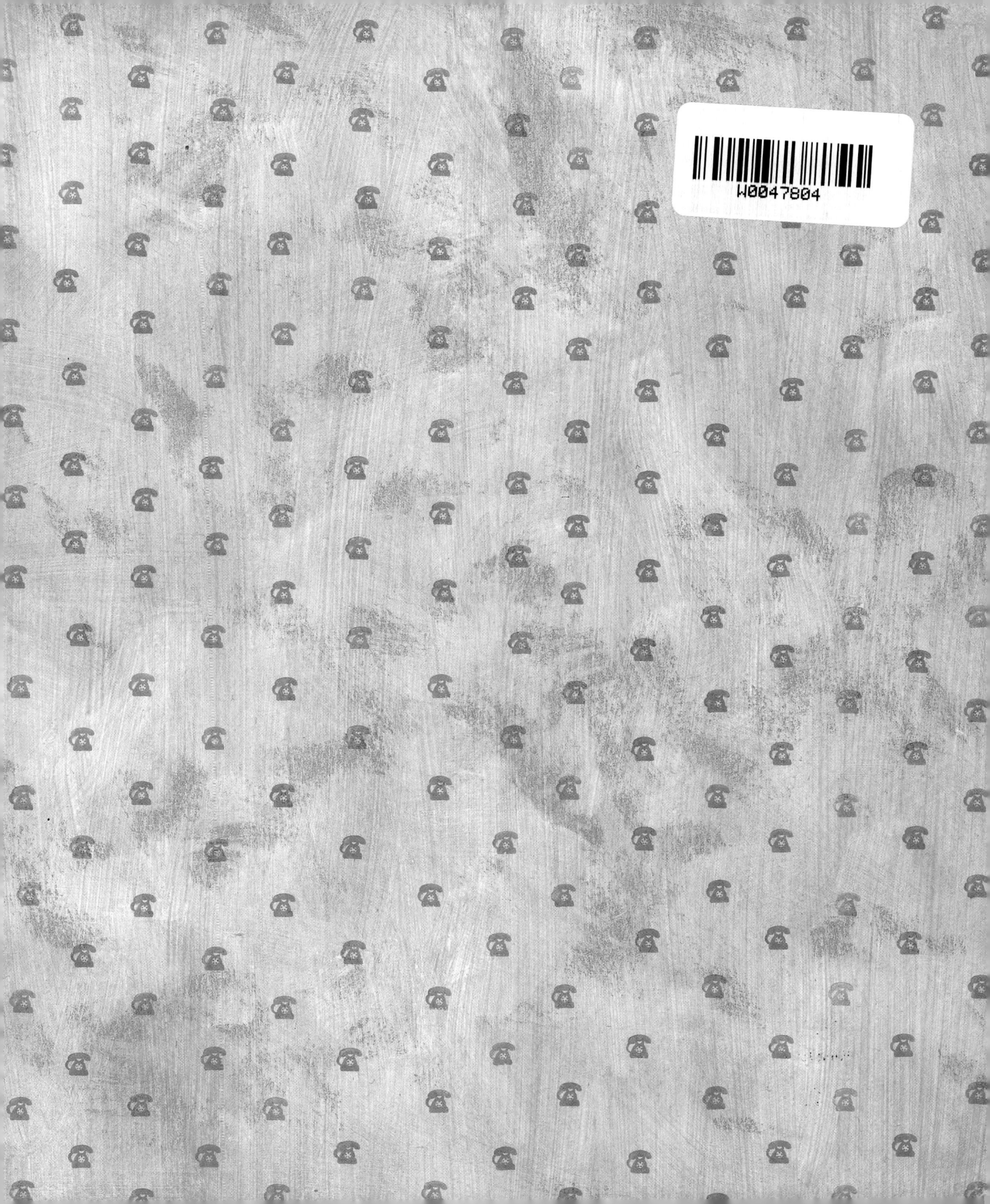

Wochenende bei Papa

Eine Geschichte von Wolfgang Bittner
mit Bildern von Sabine Wiemers

KeRLE

Freiburg · Wien · Basel

Jenny wohnt mit ihrer Mama
in einem großen Haus in der Stadt.
In der Blumenstraße Nummer 7
oben im vierten Stock.

Auf ihrem Bett sitzen Karla, Teddy und Brüll.
Karla ist Jennys Puppe.
Teddy ist Jennys Teddybär.
Brüll ist Jennys Elch.

Bis vor kurzem wohnte Jennys Papa
noch bei ihnen.
Aber die Eltern hatten andauernd Streit.
Da haben sie sich getrennt.
Jenny war sehr traurig darüber
und manchmal musste sie weinen.

Jetzt wohnt Jennys Papa in Butzbach.

Das ist ein kleines Dorf.

Jennys Papa wohnt in einem alten Bauernhaus.

Er schickt ihr hübsche Ansichtskarten.

Grüsse aus Butzbach

Ab und zu fährt Jenny
ihren Papa besuchen.
Sie freut sich und packt ihren Rucksack.
Heute dürfen Karla, Teddy und Brüll
ausnahmsweise mitkommen.

Auf dem Bahnhof wimmelt es von Menschen.
Jenny und Mama haben Glück,
sie finden ein Abteil für sich allein.

Der Zug fährt aus der Stadt hinaus.
Karla, Teddy und Brüll dürfen aus dem Fenster schauen.
Bald sind draußen Wiesen, Felder und Wald zu sehen.
Der Zug hält in einer kleinen Stadt und dann in einem Dorf.
Hm, Mama hat Schokolade und Kekse
mitgenommen.

Nach einer Weile kommt der Schaffner.
Er kontrolliert die Fahrkarten.
„Ich fahre zu meinem Papa nach Butzbach", sagt Jenny.

„Ach so", sagt der Fahrer.
„Butzbach, das ist die nächste Station."

Papa wartet schon
und gibt Jenny einen Kuss.
Mama steigt nicht aus,
sie will Tante Bea besuchen.
„Komm doch mit!", ruft Jenny.
Mama steht am Fenster und ruft zurück:
„Ich hole dich übermorgen ab, wie besprochen!"

Sie winkt und Jenny ist wieder traurig.
Papa nimmt sie an die Hand und sagt:
„Komm, wir machen uns zwei schöne Tage!"

Das Bauernhaus, in dem Papa wohnt,
liegt in einem großen Garten.
Es sieht ein bisschen schief und krumm aus,
beinahe wie ein Hexenhaus,
aber innen ist es richtig gemütlich.
Auch hier hat Jenny ein kleines Zimmer.
Karla, Teddy und Brüll kennen es schon.
Schade, dass Mama nicht da ist.

Mephisto, der Kater, ist Jennys Freund.
Er streicht um ihre Beine
und schnurrt, wenn er gestreichelt wird.
Papa hat auch zwei Schafe,
die weiden hinter dem Haus.
Sie heißen Einstein und Schopenhauer.
Jenny und Papa spielen mit ihnen.

„Schade, dass Mama nicht mitgekommen ist",
sagt Jenny.
Papa nimmt sie in den Arm.
„Ich verstehe, dass du traurig bist", tröstet er sie.
„Morgen gehen wir Schwimmen."
Die Beeren sind schon reif.
Sie essen Johannisbeeren und Stachelbeeren
und köstliche riesengroße Himbeeren.

Nach dem Abendbrot ruft Mama an.
„Ich bin jetzt bei Tante Bea", sagt sie.
Jenny erzählt von den Schafen,
von Mephisto und den dicken Himbeeren.
„Ich male dir ein Bild", verspricht sie.
Mama freut sich.
„Schlaf schön, meine Kleine", sagt sie.
„Übermorgen sehen wir uns wieder."

Jenny ist auf einmal
ganz müde. Sie gähnt und gähnt,
und Papa bringt sie zu Bett.
Er liest ihr die Geschichte von dem kleinen
Mädchen vor, das ganz allein seine Großmutter besucht.
Wie gemütlich es bei Papa ist!
Jenny kuschelt sich mit Karla, Teddy und Brüll in ihr Kopfkissen.
Bevor sie einschläft, murmelt sie:
„Dich habe ich am liebsten und Mama habe ich auch am liebsten."

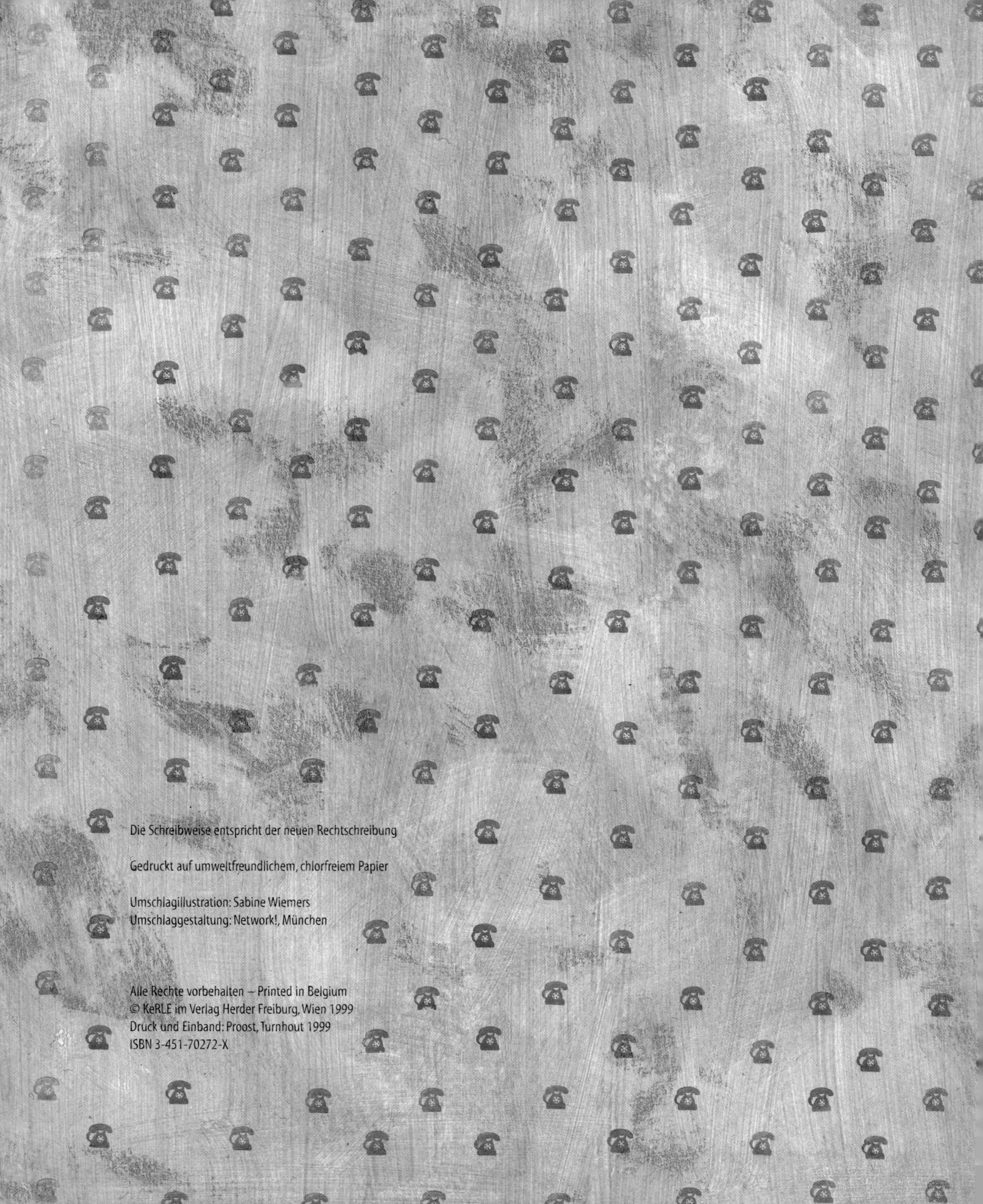

Die Schreibweise entspricht der neuen Rechtschreibung

Gedruckt auf umweltfreundlichem, chlorfreiem Papier

Umschlagillustration: Sabine Wiemers
Umschlaggestaltung: Network!, München

© KeRLE im Verlag Herder Freiburg, Wien 1999
Druck und Einband: Proost, Turnhout 1999
ISBN 3-451-70272-X